干支の神様を味方につける

巳年の財運

玉依 Tamayori

あなたにいちばん近い、ひとり出版社
阿笠出版

はじめに

日本人は、神様が大好きです。

無宗教だけど？　という方でも、生活の中で習慣化している宗教由来の行動は多くあります。

一月にはお正月を祝い、二月の節分、子どもの厄払いと成長を祈願する三月のひな祭りと五月の端午の節句、四月の花祭りも忘れてはいけません。六月には半年の罪穢れを祓う夏越《なごし》の祓《はらい》をします。七月の七夕や八月の盂蘭《うら》盆会《ぼんえ》、九月の重陽を過ごし、十月の神無月は、全国の神様が出雲に集合して福徳を話し合うことを喜び、早くも翌年の開運を願う酉の市は十一月に開かれます。十二月となり、一年間の心身の穢《けが》れを落とす大祓が行われ、新しい一年へと気持ちが向かいます。除夜の鐘を聞きながら初詣に行く、このような一年間の行事に加え、合格祈願をしたり、子どもが生まれたら無病息災を願ってお宮参りや七五三を行ったりと、私たち日本人の根底には、「季節の変化があり、月の満ち欠けからすべては規則正しく動いて循環する」と考える循環思想が根付いています。

一年ごとに、古いものは新しく生まれ変わると考える循環思想を持つ私たちは、一年の始まりである一月を特別なものとしています。新しい年の始まりに「年神様」をお迎えする準備をしているのは、年神様を迎えることで、新しい生命力、元気な活力を授かると考えているからです。

私たちの年齢の数え方に「満年齢」と「数え年」があります。日本では、古くから「数え年」を優先していましたが、それは、毎年一月一日に「年神様」をお迎えする日本特有の考え方によるものなのです。生まれた日に一歳になり、毎年お正月を迎えるときに年神様より新しい一年（一歳）を授かるのです。年神様は、五穀豊穣と安全をもたらし、新しい年に新しい魂を与えてくれます。

新しい魂は、「年の魂」であり、「お年玉」はこれに出来します。年神様に気持ち良くお出ましになっていただくために、清浄を心がける大掃除を行い、依り代となる門松や注連《しめ》飾りを飾り、お供えとなる鏡餅を用意します。一人暮らしだから大仰に準備はできないと思っても、部屋の掃除は四隅を心がけて行い、玄関を掃き清めることでも大丈夫。

こうして儀礼に無関心でいることではなく、少しのできることを心がけて行動することで運命が変わっていきます。二〇二五年、活力ある「年の魂」をいただきましょう。

二〇二四年十一月吉日

玉依

もくじ

第一章 巳年に参拝したい神社

二〇二五年 巳年について――10
巳年の参拝

厳選九社

北海道 虻田神社――16
宮城県 金蛇水神社――20
東京都 蛇窪神社（天祖神社）――24
神奈川県 江島神社――28
静岡県 三嶋大社――32
石川県 金澤神社――36
奈良県 大神神社――40

山口県　岩國白蛇神社――44
福岡県　宗像大社――48
そのほか、二〇二五年のおすすめ神社――52
―column― 年神様は、キレイ好きです！――54

第二章
運気を呼び込む参拝の心得

参拝時間は早朝に――56
一の鳥居から入ろう――56
参道の真ん中を避けて歩こう――57
手水舎で禊をしよう――57
❁手水の作法――58

もくじ

基本作法は二拝二拍手一拝――59
二拝二拍手一拝の作法――60
摂社、末社もお参りしよう――61
神札をお祀りしよう――61
御朱印をいただこう――62
お守りを持とう――62
直会をしよう――63
御礼参りは忘れずに――63
おみくじについて――64
参拝・おみくじQ&A――65
おみくじ帖――72

第一章

巳年に
参拝したい神社

蛇は、芸事・財運にご利益のある神様、
弁財天様の使いであり、
新しく生まれ変わる再生のシンボルです。
巳年の二〇二五年は、蛇にゆかりのある神社で、
お参りいたしましょう。

二〇二五年　巳年について

二〇二五は巳年、正しくは「乙巳《きのとみ》」といいます。「子」、「丑」、「寅」、「卯」、「辰」、「巳」、「午」、「未」、「申」、「酉」、「戌」、「亥」のいわゆる「十二支」に「十干《じっかん》」といわれる「甲《きのえ》」「乙《きのと》」「丙《ひのえ》」「丁《ひのと》」「戊《つちのえ》」「己《つちのと》」「庚《かのえ》」「辛《かのと》」「壬《みずのえ》」「癸《みずのと》」を合わせた「十干十二支」を省略したものが、「干支《えと》」と呼ばれています。そのため、十二支の「巳」である以外にも十干の「乙」も含めた意味があるのです。

聞きなれない十干ですが、今でいう数字を示すものです。「年」や「月」、「日」を十日間ごとで一区切りとして、占いをしたり風水を調べたりするときに、干支と組み合わせて用います。

巳は、蛇のことを示しますが、蛇は、どちらかというと怖い印象がありますね。目を見るだけで石になるメデューサの髪も蛇、娘を食べてしまうヤマタノオロチも蛇、神話の世界からして蛇は邪悪な存在のようです。

諺でも蛇にまつわるものといえば、「鬼が出るか蛇が出るか」「藪をついて蛇を出す」「蛇に睨まれて蛙」「蛇の道は蛇」など。蛇の脱皮する姿は、蘇りを意味し、過去を捨てて生まれ変わること、再生することを表します。生命力は強いので不老不死を示すものでもあり、その潜在的な力を畏怖しているのかもしれません。

しかし、畏怖だけではなく、絶対的な死と再生力は、医療の象徴であるアスクレピオスの杖としても有名ですし、蛇は神の使いでもあります。ヤマタノオロチもその尾から三種の神器のひとつ草薙剣が現れるというように、神のご神意があるのです。

蛇が、神使いとして仕えているのは、弁財天様です。

元来インドの水の神であり、芸能の神でもあるサラスヴァティーが、日本に渡り、七福神の弁財天様になったといわれています。日本に渡ってからは、弁天様とも、辨財天様とも表記され、芸能の神としてだけではなく、財運の神として崇められるようになりました。ほかにも、弁財天様と同一視されることも多い宇賀神《うかのかみ》の神使でもあるのです。

蛇は、畏怖の存在であり、神聖な存在でもあり、「海に千年、山に千年住むと龍になる」ともいわれ、神社参拝の際に蛇を見ると財運を引き寄せるといわれるようになりました。

近年の巳年を振り返ってみましょう。三十六年前の一九八九年（己巳）、昭和天皇がご逝去となり、新しい時代・平成となりました。二十四年前の二〇〇一年（辛巳）は、皇室には新しい生命愛子様が誕生し、アメリカNY同時多発テロの惨劇が起こり、国際秩序が大きく変化し始めました。そして、十二年前の二〇一三年（癸巳）は、経済政策としてアベノミクスが始動。巳年は、新しく生まれる、過去をリセットする、再生がもたらされる年といっても過言ではないでしょう。

今年は、困難に立ち向かうことを意味する十干の「乙」と合わせ、努力が報われる年であり、新しい変化や成長する出来事がある年ともいえます。

社会にとっても私たち個人にとっても、新たなステージに進む兆候のある年になるようです。巳は、柔軟性も十分に備えているので、柔軟性に欠けると新たな成長が思うようにならないこともあります。独りよがりになったり、頑固になったり、旧来のものに固執したりしないで、新しいことを吸収する姿勢を心がけましょう。

巳年の参拝

また、財運を引き寄せるといいましても、自分勝手なお参りではなりません。お金を清めてくださる神社もあり、その用意をしてくださっているところも多いです。そこでは、他人を押しのけたり、清めたあとのお金を乱暴に扱ったりするなど、自分だけがよければという考えにはならず、丁寧に扱いましょう。よく「お金が喜んで戻ってくる」という表現がありますが、それはお金だけに限りません。

人の運も同じです。「喜んでこの人のために」と思ってもらえるような心がけと同じで、お金の清めを行っている神社に出向いたときは、この場所を用意してくれてありがたいと思い、丁寧なお参りをしてください。

巳年は、前述のように、難しいと思って諦めていたことへの再チャレンジや、今までとは違う新しいことを取り入れてみるのにも向いています。

本書では、巳年にちなみ、厳選した九社を掲載いたしました。神社参拝には、「干支詣で」をおすすめしておりますので、巳年生まれの方は、ぜひ、お参りに出かけてはいかがでしょうか。

干支にも相性がありますので、巳年生まれの方ばかりではなく、巳年と相性の良い丑年生まれ、酉年生まれの方にもおすすめ。意外な干支では、申年生まれの方も今年のお参りは欠かせません。

掲載神社は、住まいより遠方でありましても、良いお参りとなることでしょう。

お参りすることで必ずしも財運が増える、運気が好転することをお約束するものではありませんが、新しいことへ一歩進む気づきを得ることとなりましたら幸いです。

北海道

北のレイラインに鎮座する開運神社

虻田神社

(あぶたじんじゃ)

住所

北海道虻田郡洞爺湖町
青葉町五十四番地

御祭神

稲荷大神＝保食主神《うけもちぬしのかみ》
恵比寿大神＝事代主神《ことしろぬしのかみ》

HP

https://abutajinja.holy.jp

　蝦夷富士三山をご存知ですか。利尻富士と呼ばれる利尻山、蝦夷富士の羊蹄山、渡《お》島《しま》富士と呼ばれる駒ヶ岳の総称ですが、この三つの名山を一直線につなぎ、その先は、富士山へと続くレイライン上に、虻田神社は鎮座しています。創建は古く文化元年（一八〇四）、今から約二百二十年前、その頃は、まだ北海道は蝦夷地と呼ばれていました。その当時の虻田場所の請負人が、松前藩領主の命を受けて、京都伏見稲荷大社よりご分霊をいただき、床丹で稲荷神社を創建したのが、虻田神社の始まりとのこと。その後、文政五年（一八二二）に起きた有珠山噴火やＪＲの開通により、社殿は遷《うつ》り、

令和六年一月、鳥居の柱に現れた奇跡の白蛇。

現在の地へ落ち着きました。

北海道は、四季がはっきりとしています。虻田神社の冬は雪に覆われている時間が長いので、春の訪れが待ち遠しく、境内に隣接する桜公園の桜は、参拝に訪れる方の心を和ませてくれます。

近年、パワースポット巡りとして訪れる参拝者も多いようですが、小さな境内は穏やかです。社務所を訪れるとその穏やかな理由がわかります。対応してくださる女性の権禰宜《ごんねぎ》さん、穏やかなのです。御朱印をいただいたり、お守りを授かったりする社務所は、小さいこともあり、ひと組ずつ入るようになっています。

先客がいる場合は外で待つことになりますが、外で待つ人にもゆっくりと目を見ながら「ようこそのお参りです」とお話しなさいます。寒い日もありますから、「早くしてほしい」と苛立った気持ちもすっと鎮まることでしょう。社務所には、期間限定の特別《とくべつ》叶守《かなうまもり》や甦りの桃玉などのほか、祓い清めも多種あります。

虻田神社を有名にしたのは、蝦夷富士山レイラインもさることながら、奇跡の白蛇

蝦夷富士三山のレイライン上に位置するパワースポット。

の存在ではないでしょうか。まさに、神道の教えそのもの「自然のなかに神宿る」をあらわしています。平成二十四年(二〇一二)と平成二十七年(二〇一五)、令和三年(二〇二一)、令和六年(二〇二四)と朱色の鳥居に白蛇が現れたのです。実際は雪紐現象と呼ばれるものですが、それは奇跡の白蛇となりました。

白蛇は、白狐とともに稲荷大神の神使であり、弁財天様の化身です。神秘の光景は、いつ出会えるとも限らず、参拝に訪れて目にしたときは、神様からのご神意を得ることでしょう。

宮城県

東北随一の運気爆上げ神社

金蛇水神社

（かなへびすいじんじゃ）

金蛇水神社は、仙台平野に流れ出す金蛇沢と称する深い谷の出口に鎮座しています。神社の創建年代は不詳ですが、一条天皇の御代から鎮座しているともいわれています。

当時より、水神信仰の霊場とされ、その水でご神意を占ったといわれる御霊池は、小さいながらも、今日も霊気を漂わせており、手を合わせる方が絶えません。真っ白な鳥居をくぐって目にする樹齢三百年とされる藤棚は、「九流の藤」と呼ばれ、五月になると息をのむほどの美しさで参拝者を出迎えてくれます。夏になると藤棚には、風鈴が吊り下げられ、癒しの音色を響かせます。境内は常に掃き清められ、従事する

住所

宮城県岩沼市三色吉字水神七

御祭神

金蛇大神《かなへびのおおかみ》（水速女命《みずはやのめのみこと》）

金蛇弁財天《かなへびべんざいてん》

HP

https://kanahebi.cdx.jp

金蛇弁財天社の隣の
霊気あふれるご神木。

方々の参拝者への丁寧な対応からも、迎え入れられていると、感じることでしょう。

御祭神は、古来よりこの地にお祀りされている水の神様です。龍、蛇は、水神の化身といわれていて、弁財天様も金蛇弁財天様として篤く信仰されています。最初に訪れたとき、ちょうど境内を掃き清めている巫女や神職の方々がいらっしゃいました。箒の手を止めて、にこやかに挨拶をしてくださり、ゴミひとつ落ちていない境内に感動を受けて以来、毎年熱心に足を運んでお参りさせていただくようになりました。参道テラスや休憩所、社務所の中の様子からも地域の方々に愛され、神様の恩恵を与えられていることがわかるのです。これが、地方に存在する神社の理想的なあり方なのだろうと。訪れるたびに神社の光景が大きく変化していき、着実な構想を見せていただくことで、自分の願いもきっと叶う。そう強く思わせてくれる神社なのです。

初めて訪れても、金運の幸せの循環を知ることができるでしょう。牡丹と藤の花まつり、金蛇弁財天例祭、夏詣や秋詣など一年中、賑やかなお祭りが行われますし、本殿左側には、蛇石が並んでいるので、第一印象で蛇石をひとつ選んで願掛けするのも

蛇石にも参拝しよう。

楽しいです。お金を清めてもよいでしょう。お金を引き寄せる願いは、少し後ろめたい気持ちがするでしょうか？　明るくてくつろげる懐の広さを持つ金蛇水神社ですから、思いっきり引き寄せ祈願してもいいよね、と楽しんでお参りができるのです。お祭りの日にお参りすることをおすすめいたしますが、本気で財運にあやかりたい人は、静かな日にご祈祷を受けましょう。ご祈祷を受けた人だけが御拝できる本殿奥に入ることができるのです。お参り後、金蛇弁財天社殿隣のご神木を拝むことは忘れずに。

東京都

東京の白蛇縁起神社

蛇窪神社（天祖神社）

（へびくぼじんじゃ・てんそじんじゃ）

住宅地のなかに鎮座する蛇窪神社は、その社殿の新しさや境内の一粒万倍のモニュメントにより、新しく創建された神社と思われますが、創建は古く元亨二年（一三二二）の頃とされ、じつに七百年を超える由緒ある神社です。

当時、飢饉の厄災を避けるため、この地の古池の龍神社に雨乞いの祈願をし、雨の恵みがありました。その神恩に感謝して、神々をお祀りしています。本殿にお祀りされる三柱のほかに、境内には、白蛇辨財天社、蛇窪龍神社、法密稲荷社が鎮座しています。そのすべての神々を総称して、蛇窪大明神と奉称されています。

住所

東京都品川区二葉四丁目
四番十二号

御祭神

天照《あまてらす》大《おお》御《み》神《かみ》
天児《あめのこ》屋《や》根命《ねのみこと》
応神天皇《おうじんてんのう》

HP

https://hebikubo.jp

今年は、己巳参りをしよう。

蛇神様をより強く感じるには、「巳の日」「己巳の日」にお参りすることをおすすめいたします。とくに、こちらの神社では、「巳の日」と「己巳の日」の新恩を大事にしており、「巳の日　白蛇様ご縁日」には、特別祈願も行われています。お金の清め方も丁寧にわかりやすく案内しているので、日常でも参拝者は絶えません。

お守りやお札は、神社によって、ご神意が違いますが、こちらの神社のお札やお守りは特徴的です。ご祈祷、お守りを受けられた方へ無料頒布している「白蛇神符《しろへびしんぷ》」は、一年経ってもお焚き上げすることなく、持ち続けることができるもの。また、「夢巳《ゆめみ》札《ふだ》」は、山口県岩国市の岩國白蛇神社（44ページ）の白蛇の脱皮と蛇窪大明神のお札を合わせたお守りで、初穂料（二千円）により、授かりますが、一年経過しても持ち続けることができる有り難いものです。いずれも数量限定の頒布となっています。

徳あるお札とお守りの郵送はしておりませんし、お参りせず受け取ることはできませんので、神様から与えられるものは、そのご神意をわかったうえでお受け取りくだ

蛇神様といえば、銭洗い。

さい。

「神は人の敬によりて威を増し　人は神の徳によりて運を添ふ」

北条泰時が定めた「御成敗式目」に記載されている、蛇窪神社の御心でもあるこの言葉の意味は、「神は人から敬《うやま》われることにより霊験あらたかになって、益々その威力を発揮するようになり、また人は、神を敬うことによって、より良い運を与えられる」です。

神奈川県

日本三大弁財天神社
江島神社
（えのしまじんじゃ）

❖住所

神奈川県藤沢市江の島
二丁目三番八号

❖御祭神

奥津宮《おくつみや》：多紀理比賣命《たぎりひめのみこと》
中津宮《なかつみや》：市寸島比賣命《いちきしまひめのみこと》
辺津宮《へつみや》：田寸津比賣命《たぎつひめのみこと》

❖HP

http://enoshimajinja.or.jp

海の神社を訪れるときは、近くでありながらも小旅行しているようなワクワクとした気持ちになりますが、江島神社参拝も同じです。天照大御神《あまてらすおおみかみ》が素戔嗚尊《すさのおのみこと》と誓約をされたときに生まれた三柱の女神をお祀りしている江島神社の成り立ちは、欽明天皇十三年（五五二）に起きた地震により、島の洞窟に神をお祀りしたことによるものとされています。その後は、修験者の役小角《えんのおづぬ》が洞窟に参籠《さんろう》し修験の霊場を開いたことで、名僧たちが参籠につづき、空海により岩屋本宮が創建、ついで慈覚大師が中津宮を創建されたとされています。

神道と仏教の架け橋・
奥津宮の隣の龍宮《わたつみのみや》

鎌倉時代になると、源頼朝はじめ武将たちが、戦いの祈願をしたことで、戦いの神ともなりました。泰平の世が訪れてからは、芸能や福徳の神とも信仰されるようになりましたが、仏教と習合したときに金亀山与願寺《きんきざんよがんじ》と号し、その後、神仏分離となりました今も、神仏習合が色濃く残る神社です。

島全体が、御神域です。江の島弁財天橋を渡り、青銅の鳥居から朱の鳥居をくぐり、石段を上がったところにある龍宮城を模した楼門まででも、ゆっくり歩いて約三十分。ここから辺津宮、中津宮、奥津宮、最後の岩屋本宮までお参りしますと、約半日を予定するとよいでしょう。距離がありますので屋外エスカレーター「エスカー」を利用して辺津宮、中津宮へ。奥津宮と岩窟へは気を感じながら歩いてください。辺津宮の拝殿前の巾着型のお賽銭箱が珍しく、お賽銭を入れると音が鳴る仕掛けになっていま す。中津宮には、弁財天様として同神である市寸島比賣命をお祀りしているので、弁財天様の招福を賜りたいときは、欠かさずお参りしましょう。

ここでエスカーは終わりになりますが、ここからがいよいよお参りの醍醐味です。

龍宮の下にある岩屋洞窟は、江の島弁財天信仰の発祥の地。

奥津宮は、岩窟にほど近い地上にあり、岩屋本宮に海水が入り込む期間は御本尊を遷座する御旅所でもありました。

拝殿天井の八方睨みの龍ならぬ「八方睨みの亀」や大しゃもじ、狛亀や灯篭にも乙姫様、浦島太郎など海に関するモチーフがいっぱいです。

隣にある「龍宮《わだつみのみや》」の御祭神は、龍神大神。その真下に位置する岩屋の中を蝋燭を携えながら歩くと、先人がここで参籠して得た力の意味を知ることができるやもしれません。

静岡県

伊豆国一宮《いちのみや》の幸徳神社

三嶋大社

（みしまたいしゃ）

奈良・平安時代の古書にも記録が残っているほど創建の古い三嶋大社。源頼朝が、源氏再興の祈願をし、成功したことでご神徳を深く崇敬されている伊豆国の一宮。ご祭神二柱を総じて三嶋大明神と称していて、福徳をもたらす神様です。大通りに面している大鳥居からの参道には、春になると顔に近いほどの満開の桜であふれ、散る頃に神池《しんち》を一面の花びらが覆う、町の中にありながら美しい光景が広がる境内です。神池にかかる朱色の神橋を渡った先にある小さなお社は、北条政子が勧請したとされ、御祭神は、市杵島姫命《いちきしまひめのみこと》で辨天様でもあります。通り過ぎるときにお社に向けて軽く頭

住所

静岡県三島市大宮町
二丁目一番五号

御祭神

大山祇命《おおやまつみのみこと》（＝恵比寿神）
積羽八重事代主神《つみはやえことしろぬしのかみ》

HP

https://www.mishimataisha.or.jp

本殿、幣殿、拝殿の三つから連なる複合社殿で国の重要文化財。

を下げ、本殿の参拝後に忘れずにお参りすることをおすすめいたします。

忘れてはならないことがもうひとつ。総門の左側奥に祓所神社があり、また、近くにある大楠は、ひっそりとしながらもその存在感は大きく、本殿のお参り前に手を合わせる場所としておすすめしております。総門から神門へと入りますと、樹齢千二百年超の天然記念物に指定されている金木犀が目に止まります。九月に二度の満開を迎え、鼻孔をくすぐります。

本殿は、慶応二年（一八六六）に竣工され、本殿・幣殿・拝殿の三つの建物が連なる複合社殿は国の重要文化財になっており、総欅素木造りの社殿は、参拝者に絶大なる安心感を与えてくれます。水神社、見目《みるめ》神社、若宮神社など境内の摂社、末社にも手を合わせると三嶋大明神のご神徳はより深くなるでしょう。

三嶋大社を訪れて目にするのは、私たちが思い描く神社の姿とはこうだよねと納得する光景です。大鳥居からまっすぐ本殿に向かう参道の両側の桜のトンネルは参拝客を快く迎え、神池の清らかな水と鯉で清浄を。本殿に入る前の祓戸があり、本殿正面

辨天様と称される
境内の厳島神社。

に舞殿《ぶでん》があることで、直接の気を和らげ、自ずとひと呼吸して神様へ向かうことができます。

お祭りには境内に屋台が並び、宝物館あり、鹿園や茶屋あり、癒しの場所です。幼子の手を引いて「神様に手を合わせましょうね」と諭す姿を見かけることも多く、これからも変わらないでいてほしいと思う神社です。神社を支える気持ちでお参りにでかけましょう。

石川県

北陸屈指の開運神社

金澤神社

（かなざわじんじゃ）

◆住所

石川県金沢市兼六町一の三

◆御祭神

菅原道眞公

白蛇龍神

稲荷大神

琴平大神

◆HP

https://kanazawa-jj.or.jp

寛政6年（一七九四）に加賀藩前田家十一代藩主により創建された金澤神社は、学問の神様として馴染みのある菅原道真公の御舎利を奉斎する神社として創建されました。菅原道真公は前田家の先祖なので、創建当時は、先祖をお祀りする前田家のプライベート神社でした。そのため、参拝には制限があり、一般の方々が今日のように自由に参拝できるようになったのは、明治になり、兼六園が一般公開されてからです。それまで、邸内でお祀りされていた白蛇龍神の御神体、白紫稲荷大明神の御神体も金澤神社に勧請したのも明治になってからで、現在は四柱をお祀りしています。金沢の

金沢の地名の由来になったという「金城霊澤」。

パワースポットとして知られている兼六園、金沢の地名の由来になったともいわれている金城霊澤《きんじょうれいたく》が近くにあるゆえの謂れがあります。金澤神社の手水舎の水は、金城霊澤の湧き水と同じ地下水脈であり、境内の井戸から汲み上げていますが、金の澤と書いているだけにその昔、この湧き水からキラキラと金が浮かんで見えたとか。また、ここで砂金を洗ったという芋掘り藤五郎長者伝説もあり、金城霊澤を守るために神社がそのそばに建てられたともいわれています。金城霊澤のご神徳を求めて、お金が投げ入れられていることがありますが、霊澤は、龍神様がいらしている神聖な場所です。神様にお金を投げ入れる行為は、避けましょう。

金澤神社の話は尽きることがありませんが、白蛇龍神様のことは意外と知られていないのではないでしょうか。相殿《あいどの》としてお祀りされており、中国の文献や「御神体勧請由来記」によれば、中国では、雄雌二体の「白火蛇」が千年に姿を現し、人間に吉凶を知らせるとあります。「白火蛇」は、中国から出雲の日御碕へ伝えられ、この地にもお祀りされたとされ、一体は金澤神社に、もう一体は、金沢城内に納められてい

尾が蛇の白いライオン!?
境内でお祀りされている白蛇龍神様。

たそうです。現在は二体とも本殿にお祀りされています。火伏せの神、水の神、金運の神、商売繁盛の神として、広く信仰されており、毎月一日は白蛇さんの日。雄の御神体をご開帳して厄除け開運祈願が行われているので、お参りなさることをおすすめいたします（お正月は雄雌二体のご開帳）。

朱色の楼門をくぐり、目に鮮やかな社殿の屋根に少し目を向けて見てください。天頂部分の鬼瓦に十本の尾を広げた鳳凰が私たちを見定めています。

奈良県

本殿を持たない神体山の神社

大神神社

（おおみわじんじゃ）

神宿る神奈備《かんなび》とされている三輪山。大神神社には、本殿はありません。三輪山そのものが、ご神体であるからです。高さは約467メートル、周囲は16キロメートルの円錐形の三輪山の頂上の磐座《いわくら》に大物主大神が、中腹の磐座には大己貴神、麓の磐座には少彦名神がお鎮まりになっているとされています。そのため本殿はありませんが、拝殿はあり、拝殿に手を合わせてお参りします。

拝殿の奥は禁足地となっています。禁足地と拝殿の間には、「三輪鳥居」と称される「三ツ鳥居」があります。山を御神体とする信仰は、社殿を必要とする以前の、原

住所
奈良県桜井市三輪一四二二

御祭神
大物主大神《おおものぬしのおおかみ》
大己貴神《おおなむちのかみ》
少彦名神《すくなひこなのかみ》

HP
https://oomiwa.or.jp

百聞は一見にしかずといえる
ほどの気を放つ神域の入り口。

初の神祀りの姿。それを今に伝えている希少な神社です。三ツ鳥居とは、一般的な明神鳥居の両脇に小さな鳥居がつき、中央に扉のある鳥居のことで、国の重要文化財になっています。

神体山ではありますが、近年は、三輪山に入山することが許されています。かつては、神職、僧侶など以外は足を踏み入れることは許されない禁足地でしたが、一部の禁足地を除き、決め事を守ることで入山を許可されます。入山許可は、摂社の狭井《さい》神社で初穂料を納め、説明を受け、記帳してからになりますが、往復約4キロメートル、自然のままであり、楽に登れるような手は入っておらず、軽登山になるため準備が足りないと登れません。

3時間以内に戻ることもルールのひとつで、水分補給以外の飲食は禁止、撮影禁止、興味半分禁止、参拝に関係ない行為は禁止、大声や歌を歌うこと禁止、ツアー登山禁止などの禁止事項があります。神々の鎮まる神聖な山、いえ、神々そのものなのですから、もっと厳しくしてもよいと個人的には思います。数回、入山させていただきま

三輪山の登拝口。神体山の草木一つの持ち帰りも許されない。

したが、あるとき、白装束に裸足で入山している方を見かけました。人生の半分は入山しているかもと思えるような姿勢に、私は汗を拭く手に力が入りました。

入山手続きをしてくれる狭井神社には、万病に効くとされる湧き水「薬井戸」があり、その水をいただくことができます。近くの池のほとりに「市杵島姫神社」もあり、少し歩けば元伊勢で知られる「檜原神社」など、三輪山に入山せずとも十分なお参りができますので、豊かな自然に触れながら歩いてみることをおすすめいたします。

山口県

岩國白蛇保存会のある神社

岩國白蛇神社

（いわくにしろへびじんじゃ）

岩國白蛇神社は、世界でも岩国にしか生息しない国の天然記念物である「岩国の白蛇」を、神社の境内隣に、野外飼育場と観覧場所を設けて一般公開している珍しい神社です。

飼育場には数十匹の白蛇がおり、冬は冬眠する蛇も、ここ観覧場所では、冬眠しておらず拝見することができるとか。貴重な天然記念物として大切に保存し、学術的価値の認識を広めるために一般公開されておりますが、とくに岩国市民にとって白蛇は、住みつけば瑞兆《ずいちょう》であると崇敬の対象となっています。

住所

山口県岩国市今津町
六丁目四の二

御祭神

田心姫神《たごりひめのかみ》
湍津姫神《たぎつひめのかみ》
市杵島姫神《いちきしまひめのかみ》
宇迦之御魂神《うかのみたまのかみ》
（＝宇賀弁財天）

HP

https://www.shirohebijinja.com

手水舎。神の使いの蛇は、
境内のあちらこちらに。

古来、私たちは、白色には清浄や神聖であることを求めており、なかでも白い動物をまさに神々の使いとして崇めています。岩国の白蛇は、三百年以上の生息の歴史があり、ネズミから米蔵を守ると信じられ、弁財天様の神のお使いでもあることで、白蛇保護と信仰から白蛇堂や祠がつくられるようになり、今でも岩国市内の各地で、信仰の名残を感じることができます。このような白蛇に対する長年の信仰によって、厳島神社（53ページ）から田心姫神、市杵島姫神、湍津姫神の三柱を勧請することとなり、平成二十四年（二〇一二）に創建された若い神社です。

訪れると、社殿の新しさもさることながら、灯篭に蛇が巻きついているモチーフ、手水舎にも蛇、社紋が蛇の目と、いたるところに蛇がいることに驚きます。それ以上に眼を見張るのは、野外飼育場の白蛇です。おそらく、想像している以上の貫禄、備えているオーラに圧倒されます。赤い眼にややクリーム色がかっている体は太く、何重にも巻きついている様は、神々しいほどです。

拝殿。岩国の白蛇様のご加護あり。

お参りを終えましたら、ぜひ社務所にお立ち寄りください。三笠宮・高円宮家に御納品なされた白蛇の脱皮額も飾ってありますし、打ち出の小槌とヘビ、福を形取った蛇、おみくじも蛇、とにかく蛇尽くし、蛇万歳です。ここまで徹底した蛇信仰にあやかりまして、福徳を引き寄せましょう。ご注意といたしまして、白蛇の観覧の際は、決して驚かせるような行為はせず、静かに観覧してください。

福岡県

宗像の神を祀る総本社
宗像大社

（むなかたたいしゃ）

日本最古の神社のひとつであり、全国に約六千社ある宗像の神をお祀りする神社の総本社である宗像大社は、広島の厳島神社（53ページ）の元宮でもあります。本土に鎮座する辺津宮と大島に鎮座する中津宮、固く女人禁制であり住民は一人もいない沖ノ島に鎮座する沖津宮の三宮を宗像大社と総称していますが、現在は、辺津宮のみを宗像大社と呼ぶことも多くなりました。

一般的にお参りしやすいのは辺津宮だと思いますが、御祭神三柱は、天照大御神と素戔嗚尊との誓約によって生まれた神々で、天照大御神より神勅を受け、「道主貴《みちぬしのむち》」

住所

福岡県宗像市田島二三三一

御祭神

辺津宮《へつぐう》:市杵島姫神《いちきしまひめのかみ》

中津宮《なかつぐう》:湍津姫神《たぎりつひめのかみ》

沖津宮《おきつぐう》:田心姫神《たごりひめのかみ》

HP

https://munakata-taisha.or.jp

国の重要文化財の辺津宮の拝殿。

とも称され、「あらゆる道を司る神」です。海の安全ばかりか、車も鉄道の安全も、人生の道も迷わぬよう導いてくれるでしょう。

辺津宮の本殿周囲には、摂社、末社が二十四社もあり、合わせて百二十一柱の神様がお祀りされています。お参りの時間を十分にとって、ゆっくり参拝することをおすすめいたしますが、辺津宮のなかでもお参りいただきたい場所は、第二宮《ていにぐう》、第三宮《ていさんぐう》と高宮祭場《たかみやさいじょう》です。中津宮と沖津宮へのお参りが叶わなくても、第二宮には田心姫神を、第三宮には湍津姫神を御分霊してお祀りしておりますので、こちらをお参りすることで三柱の神々へ崇敬を表すことができるのです。

第二宮、第三宮の社殿は、伊勢神宮の遷宮の後の古い社殿を下賜《かし》されたもので、伊勢神宮と同じく唯一神明造の社殿になっています。間近でよく見ることができ、貴重です。高宮祭場は、本殿より少し離れた場所にあります。鬱蒼と茂る木々の高宮参道を歩き、鳥居をくぐると、大きな木々が両側に立ち並んだ最初の石段があり、上がった先にも石段が次々と続き、周囲はより鬱蒼とする光景が広がりますが、突如、その

畏怖を感じる神秘的な
辺津宮の本殿周辺。

場所が現れます。それまでの空気感と一変し、「もし、この場に一人であったなら」と身震いします。

古来、私たちは自然の中に神々を見いだし、巨石や大木、山そのものは、神籬《ひもろぎ》でこの場所はまさに神籬祭場です。社殿がないからこそ、市杵島姫神が降臨なされた場所として、今も静寂に包まれています。お参りの際は、神宝館へもお立ち寄りを。沖ノ島より出土された古代祭祀遺構や装飾品など、国宝の数々を拝見するだけでも古代の神々のご神意を感じることができることでしょう。

そのほか、二〇二五年のおすすめ神社

厳選九社以外に、おすすめする神社を掲載いたします。少し足を伸ばして訪れてみるのもよいでしょう。神社に向かうまでも運気上げに必要な時間です。急ぎ足の行程ではなく、その場所を訪れる意味を大切にし、ゆるりとお参りすることをおすすめしておりますが、くれぐれも夕刻参りはなさらぬように。神々を敬い、楽しいお参りを心がけましょう。

❖栃木県真岡市　白蛇辨財天

金運だけではなく健康運にもご加護のある霊水あり。

❖神奈川県鎌倉市　銭洗弁財天宇賀福神社

洞窟の中で湧き出る銭洗いの霊水は、鎌倉五名水のひとつ。財運アップとして人気。

❖京都市左京区　下鴨神社(加《か》茂《も》御《み》祖《おや》神社)

京都最古で世界遺産登録の神社。境内には十二支の神社があり、ぜひ干支詣を。

大阪市西淀川区　姫嶋神社
通称やりなおし神社。蛇神様お祀りの楠社とご神木詣で、赤い断ち玉で再起を。

名古屋市名東区　白美龍神社
牧野ケ池緑地内の雑木林の奥に鎮座。昔話に出てくるような社。

滋賀県長浜市　竹生島《ちくぶしま》神社（宝厳寺）
神仏習合として島全体が聖域である祈りの島で日本三大弁財天様に会おう。

広島県廿日市市　厳島神社
世界遺産登録神社のある神の島には不思議が満載。日本三大弁財天様から福徳を授かろう。

熊本県阿蘇市　阿蘇白水龍神権現
巳の日祈願では白蛇様を体に当ててくださる稀有な神社。
三月守、御真影、福種など福徳あり。

佐賀県神埼市　脊振神社
山岳仏教の聖地・背振山の頂上に上宮があり、中腹の下宮の石窟に白蛇様が棲まわれる。

column

年神様は、キレイ好きです！

大掃除の起源は、古く平安時代。一年のはじまりに備えるために行われ、昔は家にかまどや囲炉裏があったので、その煤《すす》を払うことから「煤払い」と呼んでいました。「正月事始め」といわれる十二月十三日に大掃除を行うことが通例ですが、忙しい現代、十三日を限定して大掃除することは難しいところです。目安として、冬至の日を迎える二十日過ぎまでに終えましょう。特に念入りにしたい場所は、家の玄関や部屋の四隅、水回りです。家の中をキレイにし終えたら冬至のゆず湯で心身を清めて。

松飾りや注連飾り、鏡餅など正月用の用意は二十日を過ぎてから整えて、遅くとも二十八日までには準備を終えましょう。一夜飾りは絶対に避けること。

年神様には、清浄な場所に気持ちよくお出ましいただき、一月十一日には、鏡開きで無病息災を願い、ご神霊を授かります。一月十五日に神社や寺院で行われる「どんど焼き」で年神様の依り代となっていた松飾りや注連飾りを燃やし、年神様をお見送りしたら、新しい一年のはじまりです。

第二章

運気を呼び込む参拝の心得

神社は、神様がおられる神聖なご神域です。
祈願のときだけはなく、
日々の日課としてのお参りであっても
鳥居をくぐるときは、
心身を整えてからにしたいものです。

参拝時間は早朝に

参拝時間は、朝から昼までの間を目安にするとよいでしょう。朝早く清められた境内を歩く心地良さもあり、神職の方々のお参りを目にすることもあり、静寂な時間には自分とも向き合いやすくなります。太陽の力が強くなる昼もおすすめ。16時以降は、「魔の刻」に入るので避けてください。お参りは遅くとも15時までに終えましょう。

一の鳥居から入ろう

可能な限り一の鳥居から入ることをおすすめいたします。鳥居は俗世とご神域を分ける境界なので、鳥居をくぐるほど、神域に近づきご神気を感じます。足が不自由な方や体調がすぐれない場合は、この限りではありません。鳥居をくぐるときは一礼です。帽子、サングラスは外し、傘は閉じてください。

参道の真ん中を避けて歩こう

参道の真ん中は「正中」といわれる神様の通り道です。出来るだけ端を歩き、複数人の場合は、横一列に並んで歩くことは避けてください。大きな声を出す、走る、玉砂利を蹴るなどの行為や、自撮り棒での撮影で他の方の通行の邪魔をしないように歩きましょう。サンダルやハイヒールは避けましょう。

手水舎で禊《みそぎ》をしよう

神前に向かう前に手や口を清める場所が、手水舎です。昔は、海や川で身を清めてからお参りをしていました。「洗心」と書かれている手水舎もあり、手水は、「心を洗う」ことを今に伝えるものです。手水舎を閉じている神社も増えてきていますが、その場合は、手水舎で「祓い給へ、清め給へ」と3回唱えることで心身の清めになります。

手水の作法

1 右手に柄杓を持って水をくみ、左手を清めます。

2 左手に柄杓を持ち替え、右手を清めます。

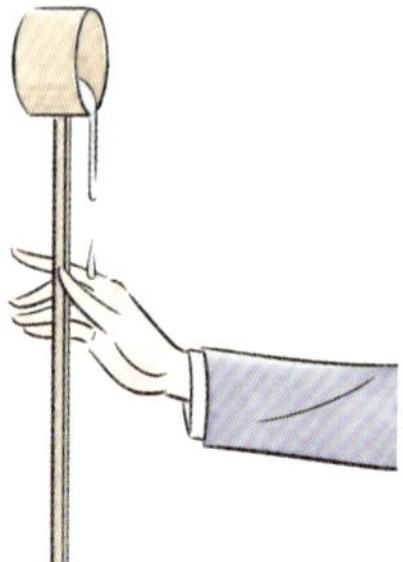

3 右手に持ち替え、左手に水を受け、口をすすぎます。

4 柄杓の柄を清め、元に戻します。

基本作法は二拝二拍手一拝

拝殿の前では、正面でお参りをすることをおすすめいたします。手を合わせる前に軽く身なりを整え、帽子、サングラスは外します。鞄などの荷物は荷物台があればそこに置き、ない場合は傍に置きましょう。一歩前へ出て、軽く一礼をします。このときに、自分の出身地や名前を心の中で告げるとよいでしょう。鈴があれば、鈴を鳴らし、お賽銭を入れます。お賽銭は、神様への御礼を示す「賽」であり、感謝の気持ちを表すものです。お賽銭を入れるときは、乱暴に投げ入れず、そっと入れましょう。お賽銭の金額に決めごとはありません。

二拝二拍手のあと、両手を合わせたまま、感謝と願いを伝えましょう。両手は下げすぎず、胸の辺りで合わせます。拍手は、忍び手にならず、音が鳴るようにすることが大事です。感謝と願いを伝えたら一拝し、そのまま後ろへ一歩下がります。くるりと向きを変えてしまうと、お尻を向けてしまうことになるので気をつけましょう。

二拝二拍手一拝の作法

1 一礼して、出身地や名前を告げます。

2 二拝（深いおじぎを２回）します。

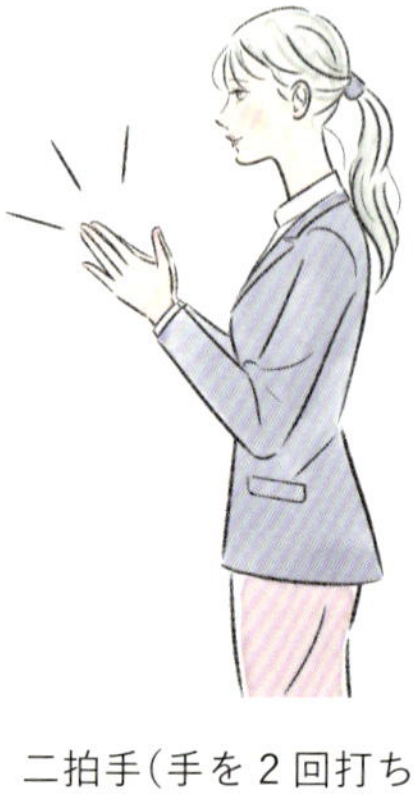

3 二拍手（手を２回打ち鳴らす）します。

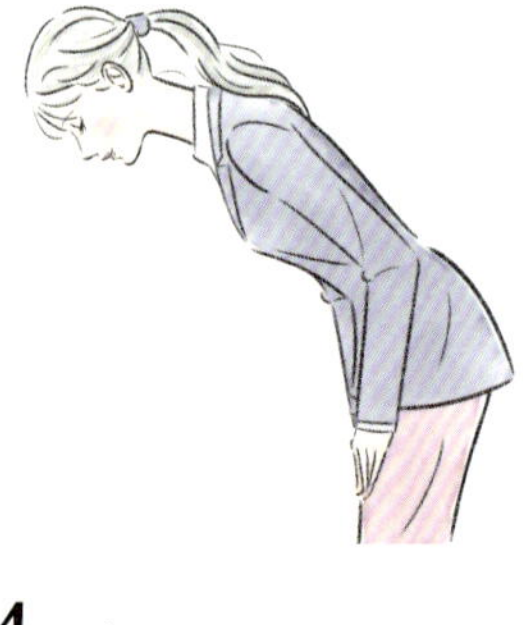

4 一拝します。

摂社、末社もお参りしよう

本殿のみならず、摂社、末社もお参りしましょう。御祭神に関する神様やその土地の氏神様をお祀りしているのが摂社、末社です。お参りの作法は同じです。小さい社にはお賽銭箱がないことも多いです。その場合は心を込めて手を合わせましょう。

神札《おふだ》をお祀りしよう

ご祈祷を受けたら神札を賜りますが、ご祈祷を受けていなくても、神札は購入することができます。いずれの場合でも神札は、日常持ち歩きはできません。自宅や会社で神棚にお祀りし、毎日手を合わせます。神棚がない場合は、目の高さより上で清浄な場所にお祀りします。決して粗末には扱わず、一年経ちましたら神社へお返ししてください。

御朱印をいただこう

すべての参拝を終えたあとに御朱印をいただきます。御朱印は神様の分身のようなものです。スタンプラリーではないので御朱印帳は丁寧に扱いましょう。直書きではなく書き置きの御朱印も増えてきました。書き置きの御朱印は、自分で御朱印帳に糊で貼って保管します。

お守りを持とう

訪れる神社ではお守りを購入することをおすすめしています。その行為ひとつが神社の運営に貢献することにもなりますので、私たちも神様を支える側になりましょう。

お守りはいくつ持っても大丈夫。きれいな状態で持ち歩きましょう。お守りの効力は一年です。

直会《なおらい》をしよう

直会とは、祭礼終了後に神前にお供えした神饌《しんせん》を神職や参列者でいただくこと（解《げ》斎《さい》）ですが、私たちもお参りのあとは直帰せずに、お参りした地域で飲食をすることをおすすめいたします。神社周辺でお金を使うことは、神様を支えている地元の方へも感謝を伝えることになり、神様から大きなご加護を受け、幸せの循環となるでしょう。

御礼参りは忘れずに

神様へ願いを伝え、それが叶っても、叶っていなくても、御礼参りをしてください。与えられることの期待だけで生きていると、願いが叶っていることにも気がつきません。また、欲が出て慢心したり、すべてが自分だけの力で叶ったと傲慢になります。謙虚さを忘れないためにも御礼参りをおすすめいたします。

おみくじについて

おみくじは、漢字で「御神籤」と書き、古くから日本人にとって、神様のご神意を伺う大事なメッセージでした。「くじ」の由来は、その形から「串」、また後世に判断をする「公事」からともいわれていますが、現在の形になったのは江戸時代からです。一般の方々にも神様の御意向をわかりやすく伝えるために和歌が用いられるようになりました。古来、文学として定着する前の和歌は、神様のご神意を示すものでしたので、おみくじも、そこに書かれている言葉や和歌の意味が大事なのです。

本書には、毎月神社をお参りして、神様からのメッセージを受け取っていただけるように、おみくじを貼るページがあります。些細なことでも書き留めましょう。訪れた神社の御祭神の名前とそのときに願ったことを忘れずに記入します。おみくじは心をリセットし、明日への活力となるでしょう。

参拝・おみくじQ&A

Q おみくじの正しい引き方はありますか？

A 「今の私に必要な言葉を与えてください」と心で唱えよう。

おみくじは、お参りの最後に引きましょう。箱の中に手を入れて引くタイプと、筒を振って棒を引くタイプがありますが、いずれも心構えは同じです。少し目を閉じて深呼吸を3回、心の中で「今の私に必要な言葉を与えてください」と唱えて引きましょう。潜在意識を言葉から知ることができます。

Q

複数の神社をお参りした場合、その都度おみくじを引いても良いですか？

A

心のままに引いて大丈夫。

一日に何社もお参りに訪れると、どの神社でおみくじを引くのが良いか迷うことがあります。「この神社で願いを伝えたい」と感じる神社でおみくじを引きましょう。まれに、複数の神社で引いたおみくじの言葉がすべて同じ、ということがあります。その場合は、そこに書かれている言葉が必要だと強く教えてくれています。たとえ厳しい言葉であっても、運に恵まれたことだと受け取ることで運気は好転していきます。

Q

何種類もおみくじがある場合、どのおみくじを引くと良いですか？

A 心のままに選んで大丈夫。ただし、一社一回として。

最近は、おみくじの種類も多く、キャラクターや七福神、お守り付き、子どもみくじなどが用意されていて、どれを引くと良いか迷うことでしょう。おみくじには差がありませんので、ご自身が好きだと感じるものを引いてください。多くの言葉を受け取りたいと思ったら、昔ながらのおみくじがよいでしょう。一社でいくつもおみくじを引くことは避けたほうがよいです。

Q 大凶を引きました。どのようにすると良いですか？

A 吉凶に振り回されない。

おみくじに書かれた言葉の意味が大事です。「大吉」「大凶」など吉凶も書かれていますが、それに左右されないことです。おみくじに「凶」が入っている確率は全体の2割程度で「大凶」となるとさらに低い確率です。その確率の低い大凶を引いたということは、書いてある言葉を強く伝えたい神様からのメッセージです。ありがたく受け取ることで、運気は好転していきます。

Q おみくじに書いていることに意味はありますか？

A 自分に響いてきた言葉に意味がある。

おみくじは、潜在意識にあるものを見える形で教えてくれていますが、そのすべてが必要とは限りません。自分に響く言葉はその部分だけ強く目に入ります。それが、大事な言葉です。その言葉が自分の願いとは違う印象を受けても、のちにその意味がわかってきます。それでもよくわからない、と思う気持ちがあるなら、いつも手元に置いて何度も読み返してみてください。

Q 神社と寺院ではおみくじの違いはありますか?

A ご加護を賜るのは、神様も、仏様も同じ。

神社のおみくじに和歌が書かれているように、寺院のおみくじには漢文が書かれていることが多いです。神様、仏様から与えられるご加護に差はなく、謙虚に受け取りましょう。少しの違いがあるとすれば、神社では「今の私に必要な言葉を与えてください」と唱えますが、寺院では「ご加護をありがとうございます」と唱えてから引くとより良いでしょう。本書におみくじを貼るのは、神社用、寺院用と分けてもいいかもしれません。

Q おみくじの保管は、どのようにすると良いですか？

A 読み返せることが大事。持ち歩いても大丈夫。

おみくじの保管には、必ずしもこうするという決まりはありませんが、気をつけたいことは、「神社の境内に置いていく行為」。大凶だからと神社の木の枝に結んで厄を置いていくと考えるのは、もってのほかです。境内におみくじを結ぶ場所が設置されているのは、木の枝に結んで帰る方がいることへの苦肉の策です。

おみくじは、手元に置いて読み返すことが大切。メモに些細なことでも書き留めることで、今の自分の心境や状況を知ることができるのです。

おみくじを手放すときは、ゴミ箱に捨てずに「どんど焼き」で燃やしましょう。

Q

お金を清めるタイミングはありますか？

A

お金を清めるのには、静かな時間で人が少ないときがおすすめ。

巳年の神様は財運を引き寄せるといわれているので、蛇神様の神社ではお金を清める「銭洗い」の場所を設けています。神社によってルールがありますのでそれに従い、迷惑にならないように行いましょう。真剣に願い事をする場合は、吉日の静かな時間に行うのがよいでしょう。清めたお金の一部をその神社のエリアで使うとお金が喜んで戻ってくるといわれています。「受け取りたいならまずは、与えること」を実践してみることもよいでしょう。

日付　　　　年　　　月　　　日　天気

✽訪問地／参拝した神社・寺院

✽御祭神／御本尊

✽願い事

おみくじをお貼りください

日付　年　月　日　天気

✽訪問地／参拝した神社・寺院

✽御祭神／御本尊

✽願い事

おみくじをお貼りください

日付　　　　　年　　　月　　　日　　天気

✽訪問地／参拝した神社・寺院

✽御祭神／御本尊

✽願い事

おみくじをお貼りください

日付　年　月　日　天気

✽訪問地／参拝した神社・寺院

✽御祭神／御本尊

✽願い事

おみくじをお貼りください

日付　　　　　　　年　　　　月　　　　日　　天気

✽訪問地／参拝した神社・寺院

✽御祭神／御本尊

✽願い事

おみくじをお貼りください

日付　年　月　日　天気

✽訪問地／参拝した神社・寺院

✽御祭神／御本尊

✽願い事

おみくじをお貼りください

日付　年　月　日　天気

✽訪問地／参拝した神社・寺院

✽御祭神／御本尊

✽願い事

おみくじをお貼りください

日付　年　月　日　天気

✽訪問地／参拝した神社・寺院

✽御祭神／御本尊

✽願い事

おみくじをお貼りください

日付　　　　　年　　　月　　　日　天気

✽訪問地／参拝した神社・寺院

✽御祭神／御本尊

✽願い事

おみくじをお貼りください

日付　　　　　　　年　　　　月　　　　日　天気

✽訪問地／参拝した神社・寺院

✽御祭神／御本尊

✽願い事

おみくじをお貼りください

日付　　　　　　年　　　　月　　　　日　　天気

✽訪問地／参拝した神社・寺院

✽御祭神／御本尊

✽願い事

おみくじをお貼りください

日付　　　　　年　　　月　　　日　天気

✽訪問地／参拝した神社・寺院

✽御祭神／御本尊

✽願い事

おみくじをお貼りください

玉依

株式会社HolyMother代表、阿笠出版代表、法人開運アドバイザー
法人、個人向けに合わせた神社仏閣をめぐる「言霊旅」を行う。
伊勢神宮崇敬会員、財団法人菊葉会東御苑ボランティアガイド。
著書に『パワーを頂く「言霊旅」の始め方』(サンライズパブリッシング)、『せっかく、お詣りするのに、あなた、それじゃもったいないじゃない!』(ワニ・プラス)、『おみくじ帳』(ワニ・プラス)がある。

宮澤正明

写真家、映画監督
1985年に赤外線フィルムを使用した処女作「夢十夜」でニューヨーク米国ICP新人賞。

広告、雑誌、ファッションの分野でも幅広く活動し時代を代表する人々を撮影。

2004〜2014年伊勢神宮第62回式年遷宮公式記録写真家として従事する。

その他、出雲大社大遷宮、春日大社式年造替、京都下鴨神社葵祭等全国50以上の神社仏閣の公式記録撮影をしている。

主な出版物として、2009年『伊勢神宮〜現代に生きる神話〜』(講談社)、2015年『浄闇』(小学館)、2015年『遷宮』(柤出版)。

伊勢神宮の森をテーマにしたドキュメンタリー映画『うみやまあひだ〜伊勢神宮の森から響くメッセージ〜』を初監督。2015年マドリード国際映画祭にて外国語ドキュメンタリー部門最優秀作品賞他の2冠に輝く。


【掲載写真】p.21、p.23、p.29、p.31、p.33、p.35、p.37、p.39、p.49、p.51

装丁　金井久幸[Two Three]
装画　藤村賢志
写真　宮澤正明[宮澤正明写真事務所]
本文デザイン　横山みさと[Two Three]
イラスト　キシャバユーコ
校正　黒田なおみ[桜クリエイト]
編集　村松千絵[有限会社クリーシー]

干支の神様を味方につける
巳年の財運

2024年11月27日　初版発行

著　者　玉依
発行者　阿笠透子
発行所　阿笠出版
〒225-0002　神奈川県横浜市青葉区美しが丘2-1-27 第5正美ビル4階
TEL:045-508-9859
発売元　日販アイ・ピー・エス(株)
〒113-0034　東京都文京区湯島1-3-4
TEL:03-5802-1859　FAX:03-5802-1891
印刷・製本　セルン株式会社

Printed in Japan
ISBN978-4-911354-01-8